Inteligencia Artificial y el Futuro

Cómo Prepararte para la Próxima Revolución

CONSULTORIA IA

Inteligencia Artificial y el Futuro

Cómo Prepararte para la Próxima Revolución

CONSOLTORIA IA

Consultoria IA

Inteligencia Artificial y el Futuro

Cómo Prepararte para la Próxima Revolución

Copyright © 2024 by Consultoria IA

All rights reserved. No part of this publication may be reproduced, stored or transmitted in any form or by any means, electronic, mechanical, photocopying, recording, scanning, or otherwise without written permission from the publisher. It is illegal to copy this book, post it to a website, or distribute it by any other means without permission.

First edition

This book was professionally typeset on Reedsy

Find out more at reedsy.com

Contenidos

[Inteligencia Artificial y el Futuro: Cómo Prepararte para la Próxima Revolución](#)

[Reseña de "Inteligencia Artificial y el Futuro: Cómo Prepararte para la Próxima Revolución"](#)

[La audiencia objetivo de "Inteligencia Artificial y el Futuro: Cómo Prepararte para la Próxima Revolución" incluye:](#)

[Que encontrarás en este libro](#)

[Prefacio](#)

[Capítulo 1: El Auge de la Inteligencia Artificial: Entendiendo la Revolución Tecnológica](#)

[Capítulo 2: IA en Acción: Aplicaciones Prácticas en el Mundo Real](#)

[Capítulo 3: El Futuro del Trabajo: Adaptación en la Era de la Automatización](#)

[Capítulo 4: Ética y Desafíos: Navegando los Dilemas de la IA](#)

[Capítulo 5: Preparándonos para el Mañana: Innovación, Resiliencia y Oportunidad](#)

[Apéndices](#)

Inteligencia Artificial y el Futuro: Cómo Prepararte para la Próxima Revolución

Reseña de "Inteligencia Artificial y el Futuro: Cómo Prepararte para la Próxima Revolución"

Este libro es una guía accesible y visionaria que explora cómo la inteligencia artificial (IA) está transformando rápidamente nuestro mundo. En un lenguaje claro y directo, el autor explica los fundamentos de la IA, sus aplicaciones actuales y las tendencias que están moldeando su futuro.

A través de ejemplos prácticos y análisis profundos, el libro aborda temas cruciales como el impacto de la IA en el empleo, la ética en su desarrollo, y las oportunidades que brinda en sectores como la salud, la educación y los negocios. Además, ofrece estrategias concretas para que personas y empresas se adapten y prosperen en esta nueva era tecnológica.

Con una mezcla equilibrada de realismo y optimismo, "Inteligencia Artificial y el Futuro" no solo informa, sino que inspira a sus lectores a abrazar el cambio y participar activamente en la construcción de un futuro más inteligente e inclusivo. Es un recurso imprescindible para quienes desean entender y prepararse para la próxima revolución tecnológica.

La audiencia objetivo de "Inteligencia Artificial y el Futuro: Cómo Prepararte para la Próxima Revolución" incluye:

1. **Profesionales y Empresarios**
- Personas que desean comprender cómo la IA transformará sus industrias y cómo adaptarse a estos cambios.
- Líderes interesados en aprovechar la IA para innovar y optimizar procesos.

2. **Estudiantes y Educadores**
- Estudiantes de tecnología, ciencias sociales, negocios y otras disciplinas que buscan introducirse en el mundo de la IA.
- Profesores que desean enseñar conceptos clave de manera clara y relevante.

3. **Emprendedores y Startups**
- Innovadores que quieren explorar oportunidades para desarrollar productos o servicios basados en IA.

4. **Trabajadores en Transición**
- Profesionales que buscan entender cómo reorientar sus habilidades en un mercado laboral en constante cambio debido a la automatización y la IA.

5. **Curiosos y Entusiastas de la Tecnología**
- Personas interesadas en aprender sobre el impacto de la IA en la sociedad, la ética y el futuro.

6. **Gobiernos y Organizaciones Sin Fines de Lucro**
- Funcionarios y líderes que quieren tomar decisiones informadas sobre políticas públicas, regulación y aplicaciones sociales de la IA.

El libro está diseñado para ser inclusivo y accesible, independientemente del nivel técnico del lector, proporcionando explicaciones claras y recursos prácticos para todos los interesados en la inteligencia artificial y su impacto en el futuro.

Que encontrarás en este libro

"*Inteligencia Artificial y el Futuro: Cómo Prepararte para la Próxima Revolución*" aborda diversas problemáticas relacionadas con la adopción y el impacto de la inteligencia artificial (IA) en la sociedad, entre las que destacan:

1. Falta de Comprensión sobre la IA

Problema: Muchas personas tienen conceptos erróneos o incompletos sobre lo que es la IA y cómo funciona.

Solución: El libro explica de manera sencilla qué es la IA, sus fundamentos y aplicaciones reales.

2. Ansiedad frente al Cambio Tecnológico

Problema: El rápido avance de la tecnología genera incertidumbre y miedo al reemplazo laboral y la irrelevancia profesional.

Solución: Proporciona estrategias prácticas para adaptarse al cambio, destacando la importancia de la educación continua y la adquisición de nuevas habilidades.

3. Impacto en el Empleo y la Economía

Problema: La automatización impulsada por la IA está desplazando empleos tradicionales y transformando sectores enteros.

Solución: Ofrece consejos sobre cómo identificar oportunidades en un mercado laboral cambiante y cómo prepararse para las demandas del futuro.

4. Falta de Preparación Empresarial

Problema: Muchas empresas no saben cómo integrar la IA de manera efectiva en sus operaciones.

Solución: Presenta casos de uso, ejemplos prácticos y pasos claros para implementar soluciones de IA que impulsen la innovación y mejoren la competitividad.

5. Dilemas Éticos y Sociales

Problema: La IA plantea desafíos éticos, como la privacidad, el sesgo algorítmico y la transparencia.

Solución: Explora estos temas en profundidad, fomentando un enfoque responsable y ético en el desarrollo y uso de la tecnología.

6. Desigualdad en el Acceso a la Tecnología

Problema: No todos los individuos y comunidades tienen acceso a las herramientas y conocimientos necesarios para aprovechar la IA.

Solución: El libro destaca la importancia de democratizar el acceso a la tecnología y propone soluciones para cerrar esta brecha.

7. Falta de Visión sobre el Futuro

Problema: Muchas personas y organizaciones no están preparadas para anticipar el impacto a largo plazo de la IA.

Solución: Proporciona una perspectiva clara y realista sobre las tendencias futuras, inspirando a los lectores a ser proactivos en lugar de reactivos.

En esencia, el libro busca empoderar a sus lectores para navegar y prosperar en una era de cambio acelerado, abordando tanto los desafíos inmediatos como las oportunidades a largo plazo que presenta la IA.

Prefacio

La humanidad se encuentra al borde de una transformación monumental. La inteligencia artificial (IA), una tecnología que alguna vez fue material de ciencia ficción, ahora está profundamente arraigada en nuestras vidas cotidianas, desde los asistentes virtuales en nuestros teléfonos hasta los algoritmos que dan forma a las economías globales. Sin embargo, esta revolución apenas comienza, y su impacto seguirá expandiéndose a ritmos que muchos apenas logran comprender.

Este libro nació de una inquietud: ¿cómo podemos prepararnos para un futuro tan incierto como prometedor? Durante años, he observado cómo la IA no solo transforma industrias, sino también la manera en que interactuamos, aprendemos y trabajamos. Al mismo tiempo, he notado una brecha preocupante entre quienes tienen el conocimiento y los recursos para prosperar en esta nueva era y quienes se sienten amenazados o excluidos por ella.

"Inteligencia Artificial y el Futuro: Cómo Prepararte para la Próxima Revolución" es mi respuesta a este desafío. Más que un manual técnico o un tratado filosófico, este libro es una guía práctica y accesible para entender lo que está ocurriendo, por qué importa, y cómo cada uno de nosotros —individuos, empresas y comunidades— puede adaptarse y contribuir positivamente a este cambio global.

Aquí no solo exploraremos las aplicaciones actuales de la IA, sino también los retos éticos, sociales y económicos que plantea. Abordaremos las oportunidades que se abren para quienes se atreven a innovar, pero también los riesgos que enfrentamos si no navegamos esta revolución con responsabilidad y visión.

El futuro es un lienzo en blanco, y la inteligencia artificial es una de las herramientas más poderosas con las que contamos para darle forma. Mi esperanza es que este libro inspire a cada lector a convertirse en un participante activo en esta nueva era, abrazando el cambio con curiosidad, resiliencia y un compromiso ético hacia un futuro inclusivo.

Bienvenido a esta exploración del mañana. Te invito a comenzar este viaje conmigo.

Con optimismo,

CONSULTORIA IA

Capítulo 1: El Auge de la Inteligencia Artificial: Entendiendo la Revolución Tecnológica

La humanidad está en medio de una de las transformaciones más significativas de su historia: el auge de la inteligencia artificial (IA). En pocas décadas, hemos pasado de la fantasía científica a un mundo donde las máquinas no solo ejecutan tareas previamente inimaginables, sino que también comienzan a redefinir qué significa ser humano en un entorno tecnológico. Este capítulo se adentra en las bases de esta revolución, explorando su historia, su impacto actual y las fuerzas que impulsan su crecimiento exponencial.

La semilla del cambio: Una breve historia de la IA

Para entender cómo llegamos a este punto, debemos retroceder al siglo XX, cuando el término "inteligencia artificial" fue acuñado por John McCarthy en 1956. Este visionario, junto a otros pioneros como Alan Turing y Marvin Minsky, sentó las bases de lo que hoy conocemos como IA. Turing, con su famosa "Prueba de Turing", desafió la idea de que las máquinas eran incapaces de pensar, planteando la posibilidad de que un sistema computacional pudiera simular el pensamiento humano.

Durante las décadas siguientes, el avance de la IA fue intermitente. Los investigadores enfrentaron limitaciones técnicas, falta de potencia computacional y escasos recursos financieros. Sin embargo, los avances en matemáticas, algoritmos y la capacidad de almacenamiento de datos impulsaron gradualmente la evolución de la IA.

La verdadera revolución llegó en el siglo XXI. Con el surgimiento del aprendizaje profundo (deep learning) y el aumento de los datos disponibles, los sistemas de IA comenzaron a superar a los humanos en tareas específicas, como el reconocimiento de imágenes, el procesamiento del lenguaje natural y los juegos estratégicos como el Go y el ajedrez. Estos hitos marcaron el inicio de una nueva era tecnológica.

Qué es realmente la inteligencia artificial

Aunque el término "inteligencia artificial" suele evocar imágenes de robots humanoides o sistemas autoconscientes, la realidad es más matizada. La IA se refiere a sistemas computacionales diseñados para realizar tareas que normalmente requieren inteligencia humana. Estas tareas incluyen razonar, aprender, resolver problemas, percibir y hasta tomar decisiones.

Hay diferentes tipos de IA, clasificados según su capacidad y alcance:

1. IA estrecha (ANI, por sus siglas en inglés): Diseñada para realizar tareas específicas, como la recomendación de películas en Netflix o el reconocimiento facial en tu smartphone. La mayoría de los sistemas de IA actuales pertenecen a esta categoría.

2. IA general (AGI): Una máquina que puede realizar cualquier tarea intelectual que un humano pueda hacer. Aunque aún no se ha alcanzado, la AGI es el objetivo final de muchos investigadores.

3. IA superinteligente (ASI): Un sistema que supera la inteligencia humana en todos los ámbitos. Aunque actualmente es solo teórica, su potencial genera tanto entusiasmo como preocupación.

La convergencia de tecnologías: Catalizadores de la revolución

La IA no está avanzando de manera aislada. Su crecimiento se ve impulsado por una convergencia de tecnologías y tendencias que están acelerando su adopción global. Entre los factores más influyentes encontramos:

1. Big Data

La explosion de datos en las últimas décadas ha sido fundamental para el desarrollo de la IA. Cada interacción en línea, compra, búsqueda en Google o publicación en redes sociales genera datos. Estos datos son el combustible que alimenta los algoritmos de aprendizaje automático, permitiendo que las máquinas aprendan de patrones y realicen predicciones precisas.

2. Potencia computacional

La Ley de Moore, que predice la duplicación de la potencia de los microprocesadores cada dos años, ha permitido la creación de sistemas más potentes y asequibles. Además, las unidades de procesamiento gráfico (GPUs) y los circuitos integrados de aplicación específica (ASICs) han revolucionado el procesamiento de datos, facilitando los avances en aprendizaje profundo.

3. Conectividad global

El acceso masivo a Internet y la infraestructura en la nube han democratizado el acceso a herramientas de IA. Hoy, incluso las pequeñas empresas pueden acceder a plataformas avanzadas de inteligencia artificial sin la necesidad de grandes inversiones en hardware.

4. Innovación en algoritmos

El desarrollo de nuevos algoritmos, como las redes neuronales profundas y los transformadores, ha llevado la IA a niveles antes inimaginables. Estos avances permiten a las máquinas procesar y entender lenguaje natural, generar imágenes realistas e incluso escribir código.

El impacto de la IA en el presente

La inteligencia artificial ya está transformando industrias enteras, desde la medicina hasta la manufactura. A continuación, exploramos algunos de los sectores donde la IA está generando un impacto significativo:

Salud

En el campo de la medicina, la IA está mejorando la precisión en diagnósticos, identificando patrones en imágenes médicas y acelerando el desarrollo de fármacos. Por ejemplo, sistemas como IBM Watson Health analizan grandes volúmenes de datos clínicos para ayudar a los médicos a tomar decisiones informadas.

Transporte

La promesa de los vehículos autónomos está cada vez más cerca de ser una realidad gracias a la IA. Empresas como Tesla, Waymo y Uber están liderando la carga para desarrollar autos que no solo sean eficientes, sino también seguros.

Educación

Los sistemas de aprendizaje personalizado impulsados por IA están transformando la educación, adaptando los contenidos a las necesidades individuales de cada estudiante. Plataformas como Duolingo y Khan Academy utilizan IA para optimizar la experiencia de aprendizaje.

Finanzas

En el sector financiero, la IA está mejorando la detección de fraudes, automatizando procesos y optimizando las estrategias de inversión. Los chatbots impulsados por IA también están redefiniendo el servicio al cliente.

Arte y creatividad

Herramientas como DALL-E y ChatGPT han demostrado que la IA también puede ser una fuerza creativa, generando arte, música y textos que desafían las nociones tradicionales de creatividad humana.

Los desafíos de la revolución de la IA

Aunque la inteligencia artificial ofrece oportunidades inmensas, también plantea desafíos significativos. Estos incluyen:

1. Desplazamiento laboral: La automatización podría dejar a millones de personas sin empleo, especialmente en sectores como la manufactura, el transporte y los servicios.

2. Ética y sesgo: Los sistemas de IA pueden perpetuar prejuicios y tomar decisiones que planteen dilemas éticos. Por ejemplo, los algoritmos de reconocimiento facial han sido criticados por su falta de precisión en ciertas demografías.

3. Seguridad y privacidad: La recopilación masiva de datos plantea preocupaciones sobre la privacidad de los usuarios y el mal uso de la información.

4. Regulación: La falta de marcos regulatorios claros dificulta la supervisión de las aplicaciones de IA, dejando abierta la posibilidad de abusos.

Preparándote para la revolución de la IA

En un mundo donde la IA está en constante evolución, prepararse para el futuro no es una opción, sino una necesidad. ¿Cómo puedes posicionarte para prosperar en esta nueva era?

1. Educación continua

La capacitación en habilidades relacionadas con la IA, como programación, análisis de datos y aprendizaje automático, es esencial. Plataformas como Coursera, edX y Udemy ofrecen cursos accesibles para todos los niveles.

2. Adopta la mentalidad del cambio

La adaptabilidad es clave. Abrazar el cambio y buscar oportunidades para aprender y crecer en un entorno tecnológico en constante transformación te permitirá mantenerte relevante.

3. Desarrolla habilidades humanas

A medida que las máquinas asumen tareas técnicas, las habilidades humanas como la creatividad, la empatía y el pensamiento crítico serán más valiosas que nunca.

4. Involúcrala en tu campo

No importa en qué industria trabajes, es probable que la IA tenga un papel que desempeñar. Investiga cómo se está utilizando la IA en tu área y busca maneras de integrarla en tu trabajo diario.

La revolución de la inteligencia artificial no es un destino; es un viaje que está transformando cada aspecto de nuestras vidas. Comprender su historia, su impacto y sus desafíos es el primer paso para navegar con éxito en este nuevo mundo. En los próximos capítulos, exploraremos cómo la IA está remodelando sectores específicos, los riesgos y recompensas de su adopción y las estrategias para aprovechar al máximo esta poderosa tecnología.

Introducción a la IA: qué es, cómo funciona y por qué es relevante

La inteligencia artificial (IA) está transformando la forma en que vivimos, trabajamos y entendemos el mundo. En esta introducción, exploraremos qué es la IA, los principios fundamentales de su funcionamiento y por qué su relevancia está aumentando exponencialmente en la sociedad moderna. Además, revisaremos su historia, desde sus modestos inicios hasta su papel central en la tecnología actual, así como su impacto inicial en diversos sectores.

Qué es la IA y cómo funciona

La inteligencia artificial puede definirse como la capacidad de una máquina para realizar tareas que normalmente requieren inteligencia humana, tales como el aprendizaje, el razonamiento, la resolución de problemas, la percepción y la comprensión del lenguaje. A diferencia de los sistemas tradicionales de código fijo, la IA se basa en algoritmos que permiten a las máquinas aprender y adaptarse a partir de datos.

Componentes clave de la IA

1. Aprendizaje automático (Machine Learning, ML): Una subárea de la IA que utiliza datos para entrenar modelos matemáticos. A través de técnicas como el aprendizaje supervisado y no supervisado, las máquinas pueden identificar patrones y hacer predicciones.

2. Redes neuronales artificiales: Inspiradas en el cerebro humano, estas estructuras computacionales procesan información mediante una serie de capas interconectadas, lo que permite realizar tareas complejas como el reconocimiento de imágenes y la traducción automática.

3. Procesamiento del lenguaje natural (NLP): Una rama de la IA enfocada en la interacción entre humanos y máquinas utilizando el lenguaje humano. Aplicaciones comunes incluyen asistentes virtuales como Siri o Alexa.

4. Visión por computadora: Permite a las máquinas interpretar y comprender el mundo visual. Se utiliza en tecnologías como el reconocimiento facial y los vehículos autónomos.

¿Por qué es relevante la IA?

La IA está redefiniendo industrias, mejorando la eficiencia y ofreciendo soluciones innovadoras a problemas complejos. Su relevancia radica en:

- Automatización: La IA está eliminando tareas repetitivas, permitiendo a las personas enfocarse en actividades de mayor valor.
- Accesibilidad a información y servicios: Desde el diagnóstico médico hasta la personalización de experiencias de usuario, la IA está haciendo que los servicios sean más accesibles y eficientes.
- Impulso a la innovación: Está facilitando avances en áreas como la energía renovable, la investigación científica y la exploración espacial.

Breve historia y evolución de la IA

La idea de la inteligencia artificial tiene raíces profundas en la historia de la humanidad. Desde los mitos griegos sobre autómatas hasta los primeros intentos de construir máquinas inteligentes, la búsqueda de replicar la inteligencia humana ha sido un sueño constante.

Primeros pasos: la era de las ideas

- 1943: Warren McCulloch y Walter Pitts publicaron el primer modelo matemático de redes neuronales, estableciendo la base para futuros avances en IA.
    - 1950: Alan Turing, considerado el padre de la informática, propuso la famosa "Prueba de Turing" para determinar si una máquina puede exhibir un comportamiento indistinguible del humano.
    - 1956: En la conferencia de Dartmouth, John McCarthy acuñó el término "inteligencia artificial", marcando el nacimiento formal del campo.

Avances tempranos y retrocesos

En las décadas de 1960 y 1970, la IA logró avances significativos en entornos controlados, como juegos y resolución de problemas matemáticos. Sin embargo, las expectativas desmedidas llevaron a periodos de "invierno de la IA", donde el entusiasmo y la financiación disminuyeron debido a la falta de resultados prácticos.

Renacimiento: el aprendizaje profundo y la era moderna

El siglo XXI marcó un renacimiento para la IA gracias a tres factores clave:

1. Incremento en el poder de cálculo: La disponibilidad de GPUs y la computación en la nube permitieron procesar enormes volúmenes de datos.
    2. Big Data: La proliferación de datos digitales proporcionó el material necesario para entrenar algoritmos complejos.

3. Avances algorítmicos: El desarrollo de redes neuronales profundas revolucionó áreas como la visión por computadora y el procesamiento del lenguaje natural.

Hoy, la IA está integrada en aplicaciones cotidianas, desde motores de recomendación en plataformas de streaming hasta sistemas de atención al cliente automatizados.

Impacto inicial en la sociedad y las industrias

La inteligencia artificial está dejando una huella significativa en diversos sectores, impulsando tanto beneficios como retos. Veamos algunos ejemplos destacados:

Sector salud

La IA ha demostrado ser un aliado poderoso en la medicina, donde está acelerando el diagnóstico y tratamiento de enfermedades. Un estudio de la revista Nature (2019) demostró que los algoritmos de IA pueden superar a los radiólogos humanos en la detección de cáncer de mama en mamografías.

Finanzas

En el sector financiero, la IA está optimizando procesos, mejorando la detección de fraudes y automatizando la toma de decisiones. Por ejemplo, las plataformas de trading algorítmico utilizan IA para analizar datos de mercado en tiempo real, identificando oportunidades de inversión con mayor precisión que los humanos.

Transporte

Los vehículos autónomos representan uno de los avances más visibles de la IA. Empresas como Tesla y Waymo han integrado sistemas de aprendizaje profundo para interpretar datos de sensores y tomar decisiones en fracciones de segundo. Aunque aún enfrentan desafíos regulatorios y técnicos, su adopción podría reducir significativamente los accidentes de tráfico.

Manufactura

La automatización industrial impulsada por IA está revolucionando la manufactura. Robots equipados con IA pueden realizar tareas complejas con una precisión y velocidad inalcanzables para los humanos. Además, los sistemas de mantenimiento predictivo están reduciendo costos al anticipar fallas en maquinaria.

Educación

La personalización del aprendizaje es otro área donde la IA está generando impacto. Plataformas como Khan Academy utilizan algoritmos de aprendizaje para adaptar el contenido a las necesidades de cada estudiante, mejorando los resultados educativos.

Desafíos iniciales

A pesar de sus beneficios, el impacto inicial de la IA también ha planteado varios desafíos:

- Desigualdad en el acceso: Las empresas y países con recursos limitados pueden quedar rezagados en la adopción de IA.
    - Pérdida de empleos: La automatización amenaza con desplazar a trabajadores en sectores como el transporte y la manufactura.
    - Cuestión ética: La falta de transparencia en los algoritmos de IA plantea preguntas sobre sesgos y responsabilidad en la toma de decisiones.

Aspecto	Detalles
Definición de IA	Sistemas que realizan tareas requeridas de inteligencia humana, como aprendizaje, razonamiento y resolución de problemas.
Componentes clave	Aprendizaje automático, redes neuronales, procesamiento del lenguaje natural y visión por computadora.
Relevancia	Automatización, accesibilidad a servicios, impulso a la innovación en múltiples sectores.
Historia de la IA	- 1943: Modelos matemáticos de redes neuronales. - 1950: Prueba de Turing. - 1956: Término acuñado por John McCarthy. - Siglo XXI: Big Data, GPUs, y redes neuronales profundas.
Impacto inicial	- Salud: Diagnósticos precisos (ej., detección de cáncer). - Finanzas: Optimización y detección de fraudes. - Transporte: Vehículos autónomos. - Manufactura: Automatización y mantenimiento predictivo. - Educación: Personalización del aprendizaje.
Desafíos iniciales	- Desigualdad en acceso. - Desplazamiento laboral. - Problemas éticos como sesgos en algoritmos.

Capítulo 2: IA en Acción: Aplicaciones Prácticas en el Mundo Real

La inteligencia artificial (IA) ha trascendido las fronteras de la ficción para convertirse en una herramienta transformadora que redefine sectores clave de la sociedad. Desde los quirófanos hasta las salas de juntas y los sets de filmación, la IA está remodelando cómo se conciben y entregan los productos y servicios. En este capítulo exploraremos cuatro áreas en las que la IA está marcando una diferencia significativa: la salud, la educación, los negocios y el entretenimiento.

Salud: Diagnóstico Preciso y Medicina Personalizada

La salud es uno de los campos más prometedores para la IA, donde los avances están salvando vidas y mejorando la calidad de los tratamientos. Los sistemas de IA están revolucionando el diagnóstico médico al analizar grandes volúmenes de datos en tiempo récord y con precisiones que rivalizan o superan las capacidades humanas.

Por ejemplo, el uso de algoritmos de aprendizaje profundo (deep learning) ha demostrado una precisión sin precedentes en la detección temprana de cáncer. Un estudio publicado en Nature Medicine en 2020 mostró que un algoritmo desarrollado por Google Health pudo identificar casos de cáncer de mama en mamografías con una tasa de error significativamente menor que la de los radiólogos humanos. Además, plataformas como Watson for Oncology de IBM ayudan a los médicos a elegir tratamientos personalizados, analizando el historial médico del paciente junto con la literatura científica más reciente.

En un futuro no muy lejano, también podría esperarse que la IA acelere la investigación de nuevas terapias. Durante la pandemia de COVID-19, empresas como DeepMind utilizaron modelos de IA para predecir estructuras proteicas, ayudando a los investigadores a desarrollar vacunas más rápido.

Desafíos

Sin embargo, la integración de la IA en la salud no está exenta de obstáculos. Problemas de privacidad de datos, sesgos en los algoritmos y la resistencia al cambio por parte de los profesionales son barreras que deben abordarse para maximizar su impacto.

Educación: Aprendizaje Personalizado y Ampliación del Acceso

La IA está transformando la educación al hacerla más accesible y personalizada. A través de plataformas de aprendizaje en línea, los estudiantes pueden beneficiarse de experiencias adaptativas que responden a sus necesidades individuales.

Sistemas como los de Khan Academy y Duolingo utilizan la IA para analizar los patrones de aprendizaje de los usuarios y ajustar el contenido en consecuencia. Por ejemplo, Duolingo emplea modelos de aprendizaje automático para identificar las áreas de debilidad de un estudiante y reforzar esas habilidades con ejercicios específicos.

En las aulas tradicionales, la IA también tiene un papel crucial. Herramientas como Gradescope permiten a los maestros automatizar la calificación y centrarse en la enseñanza, mientras que los chatbots educativos, como el desarrollado por Carnegie Learning, ofrecen tutoría individualizada, contestando preguntas en tiempo real y resolviendo dudas.

Expansión del Acceso

La IA también tiene el potencial de cerrar brechas educativas. En regiones con escasez de maestros capacitados, las plataformas de aprendizaje basadas en IA pueden ofrecer instrucción de calidad. En India, por ejemplo, BYJU'S ha utilizado la IA para ofrecer programas educativos a millones de estudiantes, incluyendo aquellos en comunidades rurales.

Límites

Sin embargo, no todo es positivo. La dependencia excesiva de la tecnología podría limitar las habilidades interpersonales de los estudiantes, y existen preocupaciones sobre la equidad en el acceso a herramientas tecnológicas.

Negocios: Automatización y Toma de Decisiones Informada

En el mundo empresarial, la IA es un motor de eficiencia y análisis. Empresas en diversos sectores están utilizando esta tecnología para automatizar procesos, predecir tendencias y tomar decisiones estratégicas basadas en datos.

Automatización

Uno de los usos más comunes de la IA en los negocios es la automatización de tareas repetitivas. Por ejemplo, los chatbots impulsados por IA han transformado la atención al cliente. Empresas como Sephora utilizan chatbots para responder preguntas comunes, mientras que herramientas como RPA (automatización robótica de procesos) ayudan a manejar procesos administrativos como la facturación y la gestión de inventarios.

Análisis Predictivo

En el campo del marketing, la IA permite analizar el comportamiento del consumidor en profundidad. Amazon es un caso paradigmático: sus algoritmos de recomendación no solo sugieren productos basados en compras pasadas, sino que también anticipan necesidades futuras.

En finanzas, empresas como BlackRock usan sistemas basados en IA para gestionar inversiones, analizando millones de puntos de datos para identificar patrones y generar predicciones que guían estrategias de inversión.

Desafíos

Aunque los beneficios son evidentes, también surgen dilemas. La automatización amenaza con eliminar empleos, particularmente en roles administrativos y de bajo nivel. Además, el uso de datos personales para análisis predictivos plantea problemas éticos y regulatorios.

Entretenimiento: Creatividad Asistida y Experiencias Personalizadas

La industria del entretenimiento está en el epicentro de la revolución de la IA, con aplicaciones que abarcan desde la producción de contenido hasta la experiencia del usuario final.

Producción de Contenido

La IA está facilitando la creación de contenido audiovisual. Herramientas como Runway ML permiten a los cineastas generar efectos visuales complejos con un presupuesto reducido, mientras que algoritmos como los de OpenAI han demostrado la capacidad de escribir guiones y crear música original.

En el campo de los videojuegos, la IA se utiliza para generar entornos y personajes más realistas. Por ejemplo, los algoritmos de IA en The Last of Us Part II mejoraron significativamente la inteligencia de los NPCs, haciéndolos más desafiantes y creíbles.

Experiencias Personalizadas

Los servicios de transmisión como Netflix y Spotify utilizan la IA para ofrecer recomendaciones personalizadas. Los algoritmos analizan las preferencias de los usuarios y sugieren contenido que probablemente disfrutarán, aumentando así el tiempo de permanencia en sus plataformas.

La Cuestión del Arte

A pesar de los avances, el uso de IA en el entretenimiento plantea preguntas filosóficas: ¿puede una máquina crear arte genuino? Aunque las obras generadas por IA son impresionantes, muchos argumentan que carecen de la intención y el contexto humano que define al arte.

Desde salvar vidas hasta enriquecer nuestras experiencias de ocio, la IA está demostrando ser una herramienta multifacética con el potencial de mejorar innumerables aspectos de la sociedad. Sin embargo, también plantea preguntas complejas sobre privacidad, equidad y el papel del trabajo humano en un mundo cada vez más automatizado.

La clave para desbloquear el verdadero potencial de la IA radica en una implementación cuidadosa y ética. Como sociedad, debemos equilibrar la innovación con la responsabilidad, asegurándonos de que los beneficios de esta tecnología se distribuyan de manera equitativa. En los capítulos siguientes, exploraremos cómo preparar a las organizaciones y a los individuos para navegar esta revolución.

La IA en la Vida Cotidiana: Transformando el Presente y Construyendo el Futuro

En las últimas dos décadas, la inteligencia artificial (IA) ha pasado de ser un concepto casi exclusivo de la ciencia ficción a una herramienta omnipresente que está transformando cómo vivimos, trabajamos y nos conectamos con el mundo. Desde asistentes personales que responden a comandos de voz hasta sistemas de recomendación que moldean nuestras decisiones diarias, la IA no solo está facilitando nuestras vidas, sino también definiendo el rumbo del futuro. En este artículo exploraremos cómo la IA ya es parte de nuestra vida cotidiana, las innovaciones emergentes que están en el horizonte y lo que podemos esperar en los próximos años.

Asistentes Personales: Tus Aliados Digitales

Imagina despertar por la mañana y que un asistente digital te salude con un resumen de tu agenda, las últimas noticias y un pronóstico del clima personalizado. Para millones de personas, esto no es un sueño futurista, sino una realidad cotidiana gracias a herramientas como Alexa de Amazon, Siri de Apple y Google Assistant. Estos asistentes personales son capaces de realizar tareas simples, como establecer recordatorios o reproducir música, pero también están evolucionando hacia funciones más complejas, como gestionar dispositivos del hogar inteligente o proporcionar asistencia en tiempo real.

El motor de estas capacidades es el procesamiento del lenguaje natural (PLN), una rama de la IA que permite a las máquinas entender, interpretar y responder al lenguaje humano. Gracias al PLN, los asistentes personales no solo reconocen palabras, sino también el contexto y las emociones, permitiendo interacciones más humanas y fluidas. Además, con avances en el aprendizaje automático, estos asistentes se vuelven cada vez más personalizados, aprendiendo de tus preferencias y comportamientos para ofrecerte soluciones hechas a medida.

Recomendaciones: IA en el Consumo y el Entretenimiento

Cada vez que haces clic en una película recomendada en Netflix, descubres una nueva canción en Spotify o realizas una compra sugerida en Amazon, estás interactuando con sistemas de IA. Los algoritmos de recomendación son una de las aplicaciones más visibles y exitosas de la IA en la vida diaria. Estos sistemas analizan patrones de comportamiento y preferencias pasadas para anticipar lo que podría interesarte.

La clave del éxito de estas plataformas radica en los modelos de aprendizaje profundo, que procesan grandes volúmenes de datos para identificar correlaciones complejas. Por ejemplo, el algoritmo de recomendación de YouTube no solo considera los videos que has visto, sino también cómo interactúan otros usuarios con contenido similar, creando una experiencia personalizada que fomenta la exploración y el compromiso.

En el ámbito del comercio electrónico, la IA también está redefiniendo la experiencia del cliente. Empresas como Zalando y Shopify utilizan IA para ofrecer recomendaciones de productos basadas en el estilo y las necesidades individuales, mientras que herramientas como chatbots impulsados por IA garantizan una atención al cliente rápida y eficiente.

IA en la Salud: Una Revolución en Marcha

La IA también está teniendo un impacto transformador en el sector salud. Aplicaciones como las de seguimiento de actividad física y bienestar, entre ellas Fitbit y MyFitnessPal, utilizan algoritmos para analizar datos personales y ofrecer recomendaciones para mejorar la salud. Pero esto es solo el comienzo.

En los hospitales, la IA está ayudando a los profesionales médicos a diagnosticar enfermedades con mayor rapidez y precisión. Por ejemplo, sistemas como IBM Watson Health analizan enormes bases de datos de casos médicos para identificar patrones que podrían pasar desapercibidos para los humanos. Además, empresas emergentes como Zebra Medical Vision están utilizando la IA para analizar imágenes médicas y detectar signos tempranos de enfermedades como el cáncer o afecciones cardiovasculares.

La telemedicina también está siendo impulsada por la IA, permitiendo a los pacientes acceder a consultas y diagnósticos desde la comodidad de sus hogares. Esta tecnología no solo mejora la accesibilidad, sino que también optimiza el uso de recursos médicos, reduciendo costos y tiempos de espera.

Innovaciones Emergentes: El Futuro Inmediato

Si bien las aplicaciones actuales de la IA son impresionantes, el futuro promete avances aún más emocionantes. Aquí hay un vistazo a algunas de las innovaciones emergentes que podrían cambiar radicalmente nuestra forma de vida:

1. Vehículos Autónomos: Empresas como Tesla, Waymo y General Motors están invirtiendo miles de millones de dólares en el desarrollo de automóviles autónomos. Estos vehículos, equipados con sensores avanzados y algoritmos de aprendizaje profundo, podrían reducir drásticamente los accidentes de tránsito y transformar la movilidad urbana.

2. IA Generativa: Herramientas como ChatGPT y DALL-E, que generan texto e imágenes a partir de entradas simples, están abriendo nuevas posibilidades en el ámbito de la creatividad y la comunicación. En el futuro, podrían surgir aplicaciones para diseño automático, producción de contenidos personalizados y más.

3. Interfaces Cerebro-Computadora (BCI): Tecnologías como Neuralink, fundada por Elon Musk, buscan conectar el cerebro humano directamente con las máquinas. Aunque todavía en etapas iniciales, esta innovación podría revolucionar la forma en que interactuamos con la tecnología, permitiendo el control de dispositivos con solo pensar en ellos.

4. Ciberseguridad Impulsada por IA: A medida que aumentan las amenazas digitales, también lo hacen las soluciones basadas en IA. Los sistemas de detección de amenazas y respuesta automatizada están convirtiéndose en una pieza clave para proteger tanto a individuos como a empresas de ataques cibernéticos.

5. IA en la Educación: Plataformas como Duolingo y Khan Academy están integrando la IA para personalizar la experiencia de aprendizaje, adaptándose al ritmo y estilo de cada estudiante. En el futuro, podríamos ver tutores virtuales capaces de proporcionar una educación verdaderamente personalizada para todos.

Retos y Consideraciones Éticas

Aunque las oportunidades que ofrece la IA son vastas, también existen desafíos significativos. La privacidad de los datos es una preocupación central, ya que muchas aplicaciones de IA requieren el acceso a grandes cantidades de información personal. Garantizar que estos datos se manejen de manera ética y segura será crucial para mantener la confianza del público.

Además, está el reto del sesgo en los algoritmos. Si los datos utilizados para entrenar modelos de IA contienen prejuicios, estos pueden perpetuarse o incluso amplificarse en las decisiones automatizadas. Las empresas tecnológicas tienen la responsabilidad de abordar este problema desarrollando sistemas más inclusivos y transparentes.

Por último, la automatización impulsada por IA podría tener un impacto disruptivo en el mercado laboral. Aunque creará nuevos empleos en sectores tecnológicos, también podría desplazar a trabajadores en ocupaciones más tradicionales. Invertir en programas de reentrenamiento y educación continua será esencial para garantizar una transición equitativa.

Una Mirada hacia Adelante

La inteligencia artificial está transformando la vida cotidiana de maneras que hace pocos años parecían inimaginables. Desde asistentes personales que simplifican nuestras tareas hasta innovaciones que están cambiando la forma en que consumimos, trabajamos y aprendemos, la IA está redefiniendo el potencial humano.

El futuro de la IA promete avances aún más impresionantes, pero también requiere un compromiso colectivo para abordar los desafíos éticos, sociales y económicos que surgirán. Si logramos equilibrar la innovación con la responsabilidad, la IA no solo será una herramienta poderosa, sino también un catalizador para un mundo más conectado, eficiente y equitativo.

En palabras de Sundar Pichai, CEO de Alphabet: "La IA es una de las cosas más importantes en las que la humanidad está trabajando. Más profunda que la electricidad o el fuego." Y como el fuego, su poder dependerá de cómo decidamos utilizarlo. El momento de liderar con visión y responsabilidad es ahora.

Capítulo 3: El Futuro del Trabajo: Adaptación en la Era de la Automatización

Introducción

La revolución impulsada por la inteligencia artificial (IA) está remodelando rápidamente el panorama laboral a nivel mundial. A medida que la automatización reemplaza tareas repetitivas y rutinas predecibles, también está redefiniendo las habilidades necesarias para prosperar en un mercado de trabajo altamente dinámico. En este capítulo exploraremos cómo la IA está transformando el empleo, las competencias demandadas y cómo las organizaciones e individuos pueden prepararse para este cambio sin precedentes.

La Transformación del Empleo: Una Mirada Global

Cambios en los Sectores Laborales

La introducción de la IA está teniendo un impacto desigual en los sectores laborales. Estudios recientes demuestran que:

- Sectores de baja cualificación: Los trabajos en líneas de producción, logística y servicios repetitivos han sido los más afectados por la automatización. Robots y sistemas de IA ya son comunes en almacenes y cadenas de suministro, reemplazando a trabajadores humanos en tareas como el empaquetado, transporte y clasificación de productos.

- Sectores de alta cualificación: Profesiones como la medicina, la abogacía y la ingeniería también están experimentando cambios significativos. La IA está complementando habilidades humanas con diagnósticos más precisos, revisión de contratos legales y optimización de diseños.

- Nuevas industrias emergentes: Tecnologías como el aprendizaje automático y la robótica avanzada están dando lugar a nuevos campos profesionales, incluyendo la ciencia de datos, la ciberseguridad y el diseño de algoritmos.

Ejemplo de Caso: Automatización en la Industria Automotriz

En la industria automotriz, la IA y los robots han revolucionado la fabricación. Empresas como Tesla han implementado líneas de ensamblaje totalmente automatizadas, reduciendo costos y aumentando la eficiencia. Sin embargo, este cambio también ha generado tensión entre sindicatos y empleadores, destacando la necesidad de planes de transición para los trabajadores desplazados.

Las Habilidades del Futuro

Competencias Técnicas

La demanda de competencias técnicas relacionadas con la IA está en auge. Estas incluyen:

- Programación y desarrollo de software: Lenguajes como Python, R y Java son esenciales para construir y mantener sistemas de IA.
- Ciencia de datos y estadística: Analizar grandes volúmenes de datos y derivar información procesable es una habilidad clave.
- Ingeniería de aprendizaje automático: Diseñar, entrenar y optimizar algoritmos de aprendizaje automático es crucial para el desarrollo de soluciones inteligentes.

Habilidades Blandas

A pesar del auge de la tecnología, las habilidades humanas siguen siendo insustituibles. Entre las más valoradas están:

- Pensamiento crítico y resolución de problemas: La capacidad de evaluar información y tomar decisiones complejas será fundamental en un entorno de trabajo impulsado por datos.
- Creatividad e innovación: La IA puede analizar patrones, pero la creación de ideas originales y disruptivas sigue siendo un terreno dominado por los humanos.
- Inteligencia emocional y liderazgo: Gestionar equipos diversos y comunicarse eficazmente son habilidades que no pueden ser replicadas por máquinas.

Ejemplo de Caso: La Evolución del Marketing Digital

En el marketing digital, las plataformas impulsadas por IA permiten personalizar anuncios y prever tendencias del consumidor. Sin embargo, los estrategas humanos son necesarios para interpretar los datos y diseñar narrativas que conecten emocionalmente con el público.

La Adaptación Organizacional

Redefiniendo la Fuerza Laboral

Las empresas deben adoptar un enfoque proactivo para preparar a su fuerza laboral. Esto incluye:

- Capacitación continua: Programas de actualización que enseñen habilidades tecnológicas y blandas.
- Reconversión profesional: Diseñar trayectorias de carrera que permitan a los empleados transitar a roles menos susceptibles a la automatización.
- Diversidad y equidad: Garantizar que las oportunidades de capacitación sean accesibles para todos los empleados, independientemente de su nivel inicial de habilidad.

Tecnología y Cultura Organizacional

El éxito en la era de la IA requiere también una cultura organizacional que fomente la adaptabilidad. Esto incluye:

- Adopción de una mentalidad ágil: Las empresas deben estar dispuestas a experimentar y ajustar sus estrategias con rapidez.
- Fomento de la colaboración humano-máquina: Implementar sistemas que combinen la eficiencia de la IA con la creatividad y el juicio humano.
- Transparencia y ética: Asegurar que la adopción de IA sea transparente y alineada con valores éticos para construir confianza entre empleados y clientes.

Ejemplo de Caso: Transformación Digital en los Servicios Financieros

Los bancos están utilizando IA para automatizar procesos como la detección de fraudes y la concesión de créditos. Sin embargo, también han invertido en programas de capacitación para ayudar a sus empleados a adaptarse a roles que exigen un mayor grado de análisis y atención al cliente.

La Adaptación Individual

Estrategias para los Trabajadores

Para enfrentar los desafíos del mercado laboral del futuro, los trabajadores deben:

- Invertir en educación continua: Inscribirse en cursos, certificaciones y programas de aprendizaje en línea.
- Construir una red profesional: Establecer conexiones en la industria puede abrir puertas a nuevas oportunidades.
- Adoptar una mentalidad de crecimiento: Abrazar el cambio como una oportunidad de mejora constante.

Ejemplo de Caso: Transición a Profesiones Tecnológicas

Muchos profesionales en sectores tradicionales, como el comercio minorista, han realizado transiciones exitosas a la tecnología mediante la adquisición de nuevas habilidades a través de plataformas como Coursera, Udemy y bootcamps de programación.

El futuro del trabajo en la era de la automatización es incierto, pero también está lleno de posibilidades. La clave para prosperar radica en la adaptación: desarrollar habilidades relevantes, fomentar la colaboración humano-máquina y adoptar una actitud de aprendizaje continuo. Las empresas e individuos que abracen este cambio estarán mejor posicionados para tener éxito en un mundo laboral transformado por la IA.

Estrategias para Mantener la Relevancia Laboral: Habilidades Técnicas y Humanas

En el vertiginoso mundo laboral del siglo XXI, mantener la relevancia no es simplemente una ventaja competitiva: es una necesidad existencial. Cambios tecnológicos, economía globalizada y una sociedad hiperconectada han reconfigurado las reglas del juego laboral. ¿Cómo podemos asegurarnos de no quedar obsoletos en este contexto de cambio constante? La respuesta yace en el desarrollo de habilidades técnicas y humanas. Este ensayo examina estrategias clave, sustentadas en investigaciones recientes y tendencias del mercado.

Habilidades Técnicas: La Base de la Adaptabilidad

Las habilidades técnicas, o hard skills, constituyen la base para desempeñarse en un mundo tecnológico. Según el Foro Económico Mundial (FEM), en su informe Future of Jobs 2023, habilidades como el análisis de datos, inteligencia artificial (IA) y programación continúan siendo de alta demanda. Empresas como McKinsey han informado que la adopción de la automatización podría desplazar hasta 800 millones de empleos para 2030, subrayando la importancia de adquirir nuevas competencias tecnológicas.

Sin embargo, no todas las habilidades técnicas tienen el mismo peso. Aquellas relacionadas con la adaptación a tecnologías emergentes son particularmente valiosas. Por ejemplo, el manejo de plataformas de análisis de datos como Power BI o herramientas de IA generativa como ChatGPT se está convirtiendo en una habilidad esencial para profesionales en diversos campos.

Crecimiento de la demanda de habilidades técnicas (2020-2023)

La clave no está solo en adquirir estas habilidades, sino en actualizarlas continuamente. Plataformas como Coursera, edX y LinkedIn Learning permiten a los trabajadores mantenerse al día con cursos de alta calidad. ¿Cuándo fue la última vez que te inscribiste en un curso relevante para tu industria?

Habilidades Humanas: El Corazón de la Diferenciación

A pesar del énfasis en las habilidades técnicas, las habilidades humanas, o soft skills, son igualmente esenciales. Estas habilidades, como la comunicación, la resolución de conflictos y el liderazgo, representan la esencia de lo que nos hace humanos en un mundo donde las máquinas toman un papel cada vez más central.

Según LinkedIn's Global Talent Trends Report 2023, la inteligencia emocional es la habilidad blanda más valorada por los empleadores. Esto se debe a que las máquinas aún carecen de la capacidad para interpretar emociones y construir relaciones significativas. En una encuesta de Harvard Business Review, el 92% de los gerentes afirmó que las habilidades blandas son tan importantes o más que las habilidades técnicas.

El trabajo remoto también ha incrementado la relevancia de estas competencias. La capacidad de comunicarse eficazmente a través de canales digitales y de mantener la motivación del equipo en entornos dispersos se ha convertido en una habilidad crítica. Reflexiona: ¿Cómo podrías mejorar tu empatía o tu habilidad para liderar equipos?

Importancia de las habilidades humanas según empleadores

Oportunidades para Emprendedores y Trabajadores en Transición

En este panorama de cambio, también surgen oportunidades únicas. Emprendedores y trabajadores en transición pueden beneficiarse al identificar nichos de mercado y reinventar sus trayectorias profesionales.

Emprendimiento en la Era Digital

El auge de plataformas digitales ha democratizado el acceso al emprendimiento. Ahora es posible lanzar un negocio con una inversión mínima gracias a herramientas como Shopify, redes sociales y marketplaces globales. Por ejemplo, los microemprendedores que aprovechan tendencias como el comercio electrónico han experimentado un crecimiento significativo, especialmente en sectores como la moda sostenible y los productos personalizados.

Sin embargo, el éxito emprendedor también requiere habilidades específicas, como la gestión financiera y la capacidad de identificar tendencias. Datos del Global Entrepreneurship Monitor revelan que los emprendedores con formación en marketing digital tienen un 30% más de probabilidades de sobrevivir a los primeros tres años de operaciones.

Transiciones Profesionales Exitosas

Para los trabajadores que enfrentan transiciones, la capacitación continua y el networking son esenciales. De acuerdo con un estudio de PwC, el 74% de los empleados están dispuestos a aprender nuevas habilidades o reentrenarse para mantener su empleabilidad. Este cambio de mentalidad es crucial en un mercado laboral donde roles como "especialista en sostenibilidad" o "analista de blockchain" están en ascenso.

También se destaca el papel de las comunidades profesionales. Plataformas como Meetup y LinkedIn permiten a los trabajadores conectar con colegas y expertos en sus industrias. Estas conexiones no solo proporcionan información valiosa sobre oportunidades laborales, sino que también fomentan el aprendizaje colaborativo. ¿Has explorado oportunidades de colaboración en tu área profesional?

En resumen, mantener la relevancia laboral en el siglo XXI implica un balance entre habilidades técnicas y humanas. Los profesionales deben adoptar un enfoque proactivo hacia el aprendizaje y la adaptación. Al mismo tiempo, emprendedores y trabajadores en transición pueden prosperar identificando y aprovechando nuevas oportunidades.

Preguntas para Reflexión:

1. ¿Qué habilidades técnicas o humanas podrías desarrollar hoy para asegurar tu relevancia en los próximos cinco años?
    2. Si tu industria cambiara drásticamente mañana, ¿qué estrategias usarías para adaptarte?
    3. ¿Cómo podrías aprovechar herramientas digitales para emprender o avanzar en tu carrera profesional?

La única constante es el cambio. Pero con un enfoque estratégico, cada cambio puede convertirse en una oportunidad para crecer y prosperar.

Categoría	Datos Clave	Fuente
Habilidades Técnicas	IA, análisis de datos y programación: de alta demanda.	Foro Económico Mundial (2023)
Automatización	Hasta 800 millones de empleos desplazados para 2030.	McKinsey
Habilidades Humanas	Inteligencia emocional: habilidad blanda más valorada.	LinkedIn Global Talent Trends (2023)
Trabajo Remoto	Habilidades digitales y comunicación efectiva críticas.	Harvard Business Review
Emprendimiento	Marketing digital incrementa 30% la supervivencia de negocios.	Global Entrepreneurship Monitor
Capacitación Continua	74% dispuesto a reentrenarse para nuevas habilidades.	PwC

Tabla Estadística Resumen

Capítulo 4: Ética y Desafíos: Navegando los Dilemas de la IA

El avance de la inteligencia artificial (IA) promete una transformación sin precedentes en todos los ámbitos de la sociedad, desde la economía hasta la salud, pasando por la educación y la seguridad. Sin embargo, con grandes poderes también vienen grandes responsabilidades. En este capítulo, exploraremos los dilemas éticos y los desafíos que plantea la IA, proporcionando análisis basados en datos, opiniones de expertos, historias de éxito y estrategias para navegar en este complejo paisaje.

1. La Dicotomía Ética: Innovación vs. Responsabilidad

El desarrollo de sistemas de IA plantea preguntas éticas fundamentales. Por un lado, la promesa de innovación y mejora de la calidad de vida; por otro, los riesgos de perpetuar desigualdades, invadir la privacidad y tomar decisiones sesgadas.

Sesgo en los Algoritmos

Un tema recurrente es el sesgo en los algoritmos. Por ejemplo, un estudio de MIT Media Lab descubrió que los sistemas de reconocimiento facial eran mucho menos precisos al identificar rostros de personas de piel oscura, con tasas de error superiores al 30% en algunos casos. Este sesgo puede tener consecuencias graves, como la injusta detención de individuos en sistemas de vigilancia automatizada.

Estrategias para Mitigar el Sesgo:
   - Diversificar los datos de entrenamiento: Incorporar datos representativos de todas las poblaciones.

- Auditorías éticas continuas: Involucrar a comités independientes para supervisar los resultados de los algoritmos.
- Transparencia: Hacer que los modelos sean interpretables y abiertos a escrutinio.

2. Privacidad y Seguridad en la Era de la IA

Con el uso masivo de datos personales para entrenar modelos de IA, la privacidad de los individuos está más vulnerable que nunca. La fuga de datos o su uso indebido por parte de gobiernos y empresas plantea riesgos a gran escala.

Caso: Cambridge Analytica

El escándalo de Cambridge Analytica en 2018 reveló cómo los datos de millones de usuarios de Facebook fueron explotados para influir en elecciones. Este caso subrayó la necesidad de leyes robustas para proteger los datos personales y evitar su uso indebido.

Gráfico: Tasa de crecimiento de fugas de datos relacionadas con sistemas de IA (2015-2023).

Estrategias para Proteger la Privacidad:
- Cumplimiento Normativo: Adoptar marcos legales como el GDPR en Europa.
- Técnicas de IA de Privacidad: Utilizar metodologías como el aprendizaje federado y la encriptación homomórfica.
- Educación del Usuario: Promover el conocimiento sobre qué datos personales están compartiendo.

3. Desplazamiento Laboral y Reinvención Profesional

La automatización impulsada por la IA está redibujando el mapa laboral. Según un informe del Foro Económico Mundial, se estima que para 2025, aproximadamente 85 millones de empleos serán desplazados, mientras que 97 millones serán creados en sectores emergentes.

Historia de Éxito: Upskilling en Siemens

La multinacional Siemens implementó programas de "upskilling" para sus empleados, capacitándolos en habilidades digitales como análisis de datos y programación de IA. Como resultado, lograron mantener a un alto porcentaje de su fuerza laboral activa y competitiva.

Estrategias para Adaptarse:
- Aprendizaje Continuo: Fomentar plataformas de educación en línea como Coursera o edX.
- Alianzas Público-Privadas: Colaborar con gobiernos y universidades para programas de reciclaje profesional.
- Fomento de Habilidades Blandas: Enfocarse en habilidades humanas como creatividad y liderazgo, que son difíciles de automatizar.

4. Autonomía y Responsabilidad: Los Sistemas Autónomos

Los sistemas autónomos, como los vehículos sin conductor y los drones militares, plantean preguntas críticas: ¿quién es responsable si algo sale mal? La tragedia de un vehículo autónomo de Uber que causó una muerte en 2018 destacó la falta de claridad en la asignación de responsabilidades.

Opiniones de Expertos

El Dr. Stuart Russell, uno de los pioneros en IA, afirma: "Debemos asegurarnos de que las máquinas siempre estén alineadas con los valores humanos. Esto requiere una colaboración internacional para establecer normas claras."

Estrategias para Regular los Sistemas Autónomos:
 - Normas Globales: Desarrollar un marco regulatorio internacional.
 - Pruebas Extensivas: Imponer mínimos de prueba rigurosos antes de implementar tecnologías en entornos reales.
 - Ética en el Diseño: Asegurarse de que los sistemas prioricen siempre la seguridad humana.

5. IA Generativa y la Proliferación de Desinformación

Las herramientas de IA generativa, como ChatGPT y DALL-E, pueden crear contenido altamente convincente. Aunque son útiles para la creatividad, también pueden ser explotadas para propagar desinformación y noticias falsas.

Datos Alarmantes

Un estudio de OpenAI muestra que el contenido generado por IA puede ser más convincente que el creado por humanos, con una tasa de detección de falsedades inferior al 30% por parte de usuarios comunes.

Estrategias para Combatir la Desinformación:
 - Sistemas de Verificación Automatizada: Desarrollar herramientas para identificar contenido falso.
 - Educación Mediática: Enseñar a los usuarios cómo identificar y reportar desinformación.
 - Colaboración con Plataformas Tecnológicas: Trabajar con redes sociales para frenar la difusión de contenido engañoso.

6. Historias Inspiradoras: Usando la IA para el Bien

A pesar de los desafíos, hay historias de éxito que demuestran cómo la IA puede ser una fuerza para el bien. Por ejemplo:

- Diagnóstico Temprano de Enfermedades: DeepMind, una subsidiaria de Alphabet, desarrolló un sistema de IA capaz de identificar signos tempranos de ceguera con una precisión del 94%.
    - Educación Personalizada: Khan Academy utiliza IA para adaptar las lecciones a las necesidades individuales de los estudiantes.

Estas historias no solo inspiran, sino que también subrayan la necesidad de orientar la IA hacia usos éticos y beneficiosos.

Conclusión: Estrategias para Navegar los Dilemas de la IA

En este capítulo hemos explorado los dilemas éticos y los desafíos que plantea la IA, desde el sesgo algorítmico hasta la desinformación. Aunque los riesgos son significativos, también lo son las oportunidades de impacto positivo.

Recomendaciones Clave:
1. Promover la Transparencia: Asegurar que los algoritmos sean explicables y accesibles para escrutinio.
2. Educar a la Sociedad: Invertir en programas que aumenten la alfabetización digital.
3. Regulación Proactiva: Implementar marcos legales que equilibren innovación y ética.
4. Colaboración Global: Fomentar el diálogo internacional para establecer normas comunes.

El futuro de la IA no está grabado en piedra. Depende de nosotros, como individuos, empresas y sociedad, decidir cómo navegar en este desafiante pero emocionante camino.

Sesgos Algorítmicos y Cómo Afectan a las Decisiones Automatizadas

La inteligencia artificial (IA) está transformando el mundo con decisiones automatizadas que van desde aprobaciones de créditos hasta sentencias judiciales. Sin embargo, los sistemas de IA no son infalibles: los sesgos algorítmicos se han convertido en un problema significativo que puede perpetuar desigualdades sociales y erosionar la confianza en estas tecnologías.

¿Qué son los Sesgos Algorítmicos?

Los sesgos algorítmicos surgen cuando un sistema de IA produce resultados que favorecen o perjudican a ciertos grupos de manera injusta. Estos sesgos pueden ser el resultado de datos desequilibrados, diseño deficiente o interpretaciones incorrectas.

Ejemplo Clásico:

El sistema COMPAS, utilizado en Estados Unidos para predecir la reincidencia criminal, mostró un sesgo significativo contra afroamericanos. Un análisis de ProPublica reveló que el sistema clasificaba incorrectamente a los afroamericanos como de alto riesgo de reincidencia casi el doble de veces que a los blancos.

Causas de los Sesgos

1. Datos de Entrenamiento: Los sistemas de IA aprenden de datos históricos que pueden reflejar prejuicios sociales existentes.

2. Diseño del Algoritmo: Los desarrolladores, de manera consciente o inconsciente, pueden introducir sesgos en las reglas del modelo.

3. Falta de Diversidad en los Equipos: Los equipos homogéneos pueden pasar por alto cómo las decisiones afectan a diferentes grupos.

Consecuencias de los Sesgos

Los sesgos algorítmicos pueden tener un impacto devastador en los individuos y las comunidades:

- Discriminación en Servicios Financieros: Rechazo de préstamos a minorías.
- Injusticias Judiciales: Condenas más severas basadas en predicciones sesgadas.

- Acceso Limitado a Oportunidades: Negación de empleo debido a algoritmos que privilegian ciertos perfiles.

Estrategias para Mitigar los Sesgos

1. Diversificación de Datos: Garantizar que los datos sean representativos de todas las poblaciones.
2. Auditorías de IA: Realizar evaluaciones independientes para identificar y corregir sesgos.
3. Modelos Interpretables: Diseñar algoritmos que sean comprensibles y transparentes.
4. Capacitación en Ética: Formar a los desarrolladores en principios éticos.

Privacidad, Seguridad y Regulación en la Era de los Datos Masivos

El crecimiento exponencial de los datos y su uso en sistemas de IA ha generado preocupaciones significativas sobre la privacidad y la seguridad. La necesidad de regulación también ha surgido como una prioridad crítica.

Privacidad en la Era Digital

Los sistemas de IA dependen de grandes volúmenes de datos personales para su entrenamiento y operación. Esta dependencia plantea riesgos graves para la privacidad:

Amenazas Comunes:

1. Exposición de Datos Sensibles: Las fugas de datos han afectado a millones de personas, como el caso de Equifax en 2017, donde se comprometieron los datos de 147 millones de usuarios.
2. Vigilancia Masiva: Gobiernos y empresas utilizan IA para rastrear y analizar el comportamiento de los ciudadanos.
3. Riesgo de Reidentificación: Incluso los datos anonimizados pueden ser vinculados a individuos específicos con técnicas avanzadas.

Seguridad de los Sistemas de IA

La ciberseguridad es un aspecto esencial para garantizar la confiabilidad de los sistemas de IA:

- Ataques Adversarios: Los sistemas pueden ser manipulados para producir resultados incorrectos.
- Robo de Modelos: Los atacantes pueden copiar modelos de IA para usos indebidos.
- Fallas en Infraestructuras Críticas: Sistemas como redes eléctricas y hospitales son vulnerables si dependen de IA insegura.

El Rol de la Regulación

La regulación es fundamental para equilibrar la innovación con la protección de derechos:

1. Ejemplo de GDPR: El Reglamento General de Protección de Datos de la Unión Europea establece principios claros sobre el uso de datos personales.
2. Propuestas en Estados Unidos: La Ley de IA de 2021 busca fomentar la transparencia y reducir los riesgos de discriminación.
3. Desafíos Regulatorios: La naturaleza global de la IA dificulta la implementación de normas uniformes.

Estrategias para Mejorar la Privacidad y la Seguridad

1. Desarrollo de Tecnologías de Privacidad: El aprendizaje federado y la encriptación homomórfica permiten el uso de datos sin comprometer la privacidad.
2. Colaboración Internacional: Establecer acuerdos multilaterales para estándares globales.
3. Educación Pública: Fomentar la alfabetización digital para que los ciudadanos comprendan cómo proteger sus datos.

El Papel de la Ética en el Desarrollo y Uso de la IA

La ética desempeña un papel central en el desarrollo y la implementación de sistemas de IA que sean equitativos, responsables y beneficiosos para la sociedad.

¿Por Qué es Importante la Ética en la IA?

El poder de la IA para influir en las vidas humanas exige un marco ético claro:

1. Evitar Daños: La IA debe ser diseñada para minimizar los riesgos de consecuencias negativas.
2. Fomentar la Equidad: Prevenir discriminación y desigualdades.
3. Garantizar la Transparencia: Permitir que los usuarios comprendan cómo y por qué se toman decisiones.

Principios Éticos Clave

1. Responsabilidad: Los desarrolladores y usuarios deben rendir cuentas por las decisiones de los sistemas.
2. Seguridad: Proteger a las personas de riesgos tanto digitales como físicos.
3. Autonomía: Respetar los derechos y la dignidad de los usuarios.
4. Beneficio Social: Priorizar aplicaciones que generen impacto positivo.

Dilemas Éticos Comunes

1. Vehículos Autónomos: Decisiones en situaciones de vida o muerte.
2. IA Militar: Uso de IA en armas autónomas.
3. Desinformación: Creación de contenido falso con IA generativa.

Historias de Éxito en la Ética de la IA

- DeepMind y la Salud: Su colaboración con el NHS en Reino Unido se centró en garantizar la privacidad de los pacientes al desarrollar herramientas de diagnóstico.
- Microsoft AI for Good: Programas para mitigar el cambio climático y mejorar la accesibilidad.

Fomentando una Cultura Ética

    1. Códigos de Conducta: Adoptar principios éticos en las empresas tecnológicas.

    2. Educación en Ética: Incluir cursos en programas de formación de IA.

    3. Participación de la Sociedad: Involucrar a ciudadanos y grupos vulnerables en el diseño de políticas.

Los sesgos algorítmicos, la privacidad y la ética son temas entrelazados que definen el futuro de la inteligencia artificial. La solución a estos desafíos requiere colaboración entre gobiernos, empresas y la sociedad civil. Solo así podremos garantizar que la IA se convierta en una herramienta de transformación positiva, y no en un motor de desigualdad.

Capítulo 5: Preparándonos para el Mañana: Innovación, Resiliencia y Oportunidad

Cuando Laura encendió su computador una mañana de abril, su mente estaba llena de dudas. Había pasado meses luchando para mantenerse al día en un mundo profesional cada vez más impulsado por la Inteligencia Artificial (IA). Laura era diseñadora gráfica, y aunque había dominado herramientas de edición durante años, sentía que el terreno bajo sus pies cambiaba con cada innovación. Aún así, ese día, decidió enfrentar su miedo. Inscribióse en un curso en línea sobre diseño asistido por IA, dando el primer paso hacia una mentalidad de aprendizaje continuo.

Este capítulo trata sobre eso: cómo prepararnos para un futuro incierto adoptando la innovación, cultivando la resiliencia y reconociendo las oportunidades que nos ofrece el cambio. Tal como Laura lo descubrió, la clave para navegar este nuevo mundo es abrazar una mentalidad de aprendizaje continuo.

La mentalidad de aprendizaje continuo: El motor del futuro

Imagina que el futuro es un río caudaloso. A veces, las corrientes son suaves y predecibles, pero otras veces, son torrenciales y amenazan con arrastrarte. Para cruzarlo con éxito, necesitas algo más que un bote sólido: necesitas la habilidad de adaptarte rápidamente al flujo. En el contexto de la revolución de la IA, esta habilidad se traduce en el aprendizaje continuo.

Según un estudio de la Universidad de Harvard, las personas que adoptan una mentalidad de crecimiento —aquella que ve las habilidades como desarrollables— tienen un 65% más de probabilidades de mantenerse relevantes en su campo laboral. Esto no se limita a aprender nuevas habilidades técnicas, sino también a desarrollar competencias blandas como el pensamiento crítico, la colaboración y la creatividad.

La historia de Marco: Una lección de adaptación

Marco era un ingeniero industrial de mediana edad. Durante dos décadas, había optimizado procesos en una fábrica de autopartes. Cuando su empresa implementó una nueva tecnología de IA para automatizar tareas, se sintió desplazado. En lugar de rendirse, decidió aprender. Se inscribió en cursos de programación y pronto encontró una pasión inesperada por el análisis de datos.

En menos de dos años, Marco lideraba el equipo que analizaba la información generada por las máquinas. Su historia demuestra que nunca es tarde para reinventarse y que el aprendizaje continuo no solo nos mantiene a flote, sino que puede abrirnos puertas hacia nuevas oportunidades.

Cómo desarrollar una mentalidad de aprendizaje continuo

Adoptar una mentalidad de aprendizaje continuo requiere un enfoque estratégico. Aquí tienes algunas recomendaciones clave:

1. Abrazar la curiosidad como estímulo

La curiosidad es el combustible para el aprendizaje. Laura, por ejemplo, comenzó explorando qué podía hacer la IA en el diseño. Su curiosidad la llevó a descubrir herramientas que no solo le ahorraron tiempo, sino que también elevaron la calidad de su trabajo.

2. Invertir en educación constante

Las plataformas en línea como Coursera, edX y LinkedIn Learning ofrecen cursos actualizados en tecnologías emergentes. Las empresas también están invirtiendo en programas de capacitación, por lo que no dudes en aprovechar estas oportunidades.

3. Crear redes de aprendizaje

El aprendizaje no es un esfuerzo solitario. Participar en comunidades, foros o grupos de interés puede enriquecer tu experiencia y abrirte a perspectivas nuevas.

4. Establecer metas claras

Define qué deseas aprender y cómo lo aplicarás. Por ejemplo, si trabajas en marketing, podrías enfocarte en aprender cómo usar la IA para personalizar experiencias de cliente.

Innovación: El ADN del cambio

El aprendizaje continuo no solo nos prepara para sobrevivir; también nos posiciona para liderar. Aquellos que abrazan la innovación están en la primera fila de los cambios disruptivos. Sin embargo, la innovación no siempre significa crear algo completamente nuevo. Puede tratarse de mejorar un proceso existente o de aplicar una idea de un campo a otro.

Caso de estudio: La innovación en la agricultura

En un pequeño pueblo de Sudamérica, un grupo de agricultores estaba perdiendo cosechas debido a plagas impredecibles. Con la ayuda de una organización local, aprendieron a usar drones y modelos de IA para monitorear sus cultivos. En lugar de combatir las plagas de manera reactiva, comenzaron a anticiparlas. En dos temporadas, no solo recuperaron su productividad, sino que también inspiraron a otras comunidades a adoptar tecnologías similares.

Resiliencia: Enfrentando los desafíos del cambio

La resiliencia es la capacidad de recuperarse rápidamente de las adversidades. En un mundo donde la IA cambia las reglas del juego constantemente, la resiliencia es más importante que nunca.

Estrategias para construir resiliencia

1. Reformular los fracasos como oportunidades de aprendizaje: Cada obstáculo superado fortalece nuestra capacidad para enfrentar el siguiente.

2. Mantener una red de apoyo: Tener colegas, mentores o amigos con quienes compartir experiencias y desafíos puede marcar una gran diferencia.

3. Practicar la adaptabilidad: Aprende a abrazar el cambio en lugar de resistirlo. Experimenta con nuevas formas de trabajar y acepta que no siempre obtendrás resultados perfectos de inmediato.

La oportunidad en el caos

En la dinámica de la IA y la automatización, también hay enormes oportunidades. Una mentalidad de aprendizaje continuo te permite identificarlas y aprovecharlas antes que los demás.

Ejemplo: La revolución en la educación

El auge de las herramientas de aprendizaje personalizadas está transformando la educación. Maestros que se capacitan en tecnologías como la IA están creando experiencias más efectivas y significativas para sus estudiantes. Esto no solo beneficia a los alumnos, sino que también permite a los educadores destacar en un campo competitivo.

Un llamado a la acción

Volvamos a Laura, quien al finalizar su curso en diseño asistido por IA no solo había adquirido nuevas habilidades, sino que también había encontrado una renovada confianza en su capacidad para adaptarse. Su historia no es única. Como ella, todos podemos prepararnos para el mañana si abrazamos la innovación, cultivamos resiliencia y vemos cada día como una oportunidad para aprender algo nuevo.

El futuro no espera. Al adoptar una mentalidad de aprendizaje continuo, no solo sobrevivirás en este mundo impulsado por la IA, sino que prosperarás. La cuestión no es si el cambio vendrá, sino si estarás listo para aprovecharlo. ¡Tú decides!

Democratización de la IA: Garantizar acceso equitativo

Había una vez un pequeño pueblo llamado Nuevo Horizonte, donde los avances tecnológicos llegaban con retraso. En este lugar, Marta, una maestra apasionada, veía el potencial de sus estudiantes apagarse por la falta de recursos. Aunque el mundo hablaba de Inteligencia Artificial (IA) como la gran herramienta que transformaba vidas, para su comunidad era un lujo inalcanzable. Pero Marta tenía un sueño: llevar la IA a sus estudiantes para que pudieran competir con cualquiera en el mundo.

El Sueño de la Democratización

La democratización de la IA significa dar a todos, sin importar su lugar de origen o situación económica, acceso a las herramientas y beneficios de esta tecnología. No se trata solo de eliminar barreras tecnológicas, sino también de crear oportunidades para que las comunidades marginadas se conviertan en creadoras, no solo consumidoras, de innovaciones.

En Nuevo Horizonte, Marta descubrió una organización sin fines de lucro que proveía software de IA accesible y capacitación gratuita para educadores. Con esfuerzo, logró instalar una pequeña sala de computación en la escuela. Lo que siguió fue transformador: los estudiantes usaron la IA para proyectos de ciencias, crearon aplicaciones que resolvían problemas locales y, por primera vez, se sintieron empoderados para imaginar un futuro diferente.

Un Derecho, No un Privilegio

Para garantizar el acceso equitativo a la IA, debemos abordar tres pilares fundamentales:

1. Infraestructura Tecnológica: Es vital proporcionar dispositivos y conectividad a las comunidades más desfavorecidas.
2. Educación y Capacitación: No basta con tener acceso a las herramientas; también necesitamos enseñar cómo utilizarlas de manera efectiva.
3. Regulaciones Inclusivas: Los gobiernos y organizaciones deben asegurar que las innovaciones tecnológicas beneficien a todos, evitando monopolios y desigualdades.

En este esfuerzo, empresas tecnológicas también juegan un papel clave. Por ejemplo, iniciativas como las de OpenAI, que ofrecen acceso gratuito o de bajo costo a herramientas avanzadas, son un paso en la dirección correcta. Pero aún queda mucho por hacer.

Historias de Impacto

En India, un proyecto llamado AI for Everyone llevó herramientas de reconocimiento de voz a zonas rurales, permitiendo a agricultores analfabetos obtener información crítica sobre clima y precios de cultivos. Esta democratización no solo mejoró sus ingresos, sino que les dio confianza en el uso de tecnología.

Por otro lado, en África, una startup desarrolló un sistema de IA para diagnosticar enfermedades usando smartphones. Al poner esta tecnología al alcance de clínicas remotas, salvaron miles de vidas.

Estas historias nos recuerdan que el potencial de la IA solo se realiza plenamente cuando es inclusiva.

Escenarios Futuros: Desde Utopías Tecnológicas Hasta Riesgos por Evitar

Ahora, imagina dos futuros posibles. En uno, la IA se convierte en la gran igualadora, resolviendo problemas complejos, mejorando la calidad de vida y permitiendo a todos participar en su creación. En otro, perpetúa desigualdades, concentra el poder en manos de unos pocos y genera consecuencias imprevistas.

La pregunta es: ¿qué camino elegiremos?

La Utopía Tecnológica

En un mundo ideal, la IA se integra de manera armoniosa en nuestras vidas. Las ciudades se vuelven más sostenibles gracias a sistemas inteligentes de energía y transporte. La educación se personaliza, adaptándose a las necesidades individuales de cada estudiante, como vimos en el caso de Marta y sus alumnos.

Ejemplo Inspirador: La Ciudad del Futuro

En Singapur, ya se vislumbran elementos de esta utopía. Sistemas de IA gestionan el tráfico, reduciendo emisiones y optimizando el transporte. En los hospitales, la IA ayuda a los médicos a realizar diagnósticos rápidos y precisos, salvando vidas.

Este futuro también implica una colaboración íntima entre humanos y máquinas. En lugar de competir, trabajamos juntos, ampliando nuestras capacidades y abordando problemas que antes parecían insuperables, como el cambio climático o enfermedades incurables.

Los Riesgos del Mañana

Pero el otro futuro es más sombrío. Sin regulaciones adecuadas, la IA podría exacerbar desigualdades. Imagínate un mundo donde las empresas controlan todos los datos y las personas carecen de privacidad. O peor, donde sistemas autónomos toman decisiones que afectan vidas humanas sin supervisión adecuada.

Escenario Distópico: Desempleo Masivo

Un estudio del Foro Económico Mundial predice que, si no se manejan cuidadosamente, las automatizaciones podrían desplazar millones de empleos, especialmente en sectores como manufactura y transporte. Esto no solo causaría estragos económicos, sino también crisis sociales.

Amenazas Globales

Además, está el riesgo de que la IA se utilice con fines malintencionados, desde ciberataques hasta el desarrollo de armas autónomas. Un grupo de expertos liderado por Elon Musk y Stephen Hawking ya ha advertido sobre los peligros de una IA descontrolada.

Cómo Evitar el Riesgo y Maximizar el Beneficio

Para asegurarnos de avanzar hacia la utopía y evitar la distopía, necesitamos acción colectiva.

1. Regulaciones Globales

Los gobiernos deben trabajar juntos para establecer normas claras sobre el uso ético de la IA. Esto incluye garantizar transparencia en los algoritmos y proteger los datos personales.

2. Inversión en Reskilling

Es fundamental capacitar a las personas para los trabajos del futuro. Programas de formación masivos pueden ayudar a quienes pierdan sus empleos debido a la automatización.

3. Promoción de la Inclusión

Organizaciones públicas y privadas deben colaborar para garantizar que las innovaciones lleguen a las comunidades más vulnerables.

4. Participación Ciudadana

Es crucial involucrar a la sociedad en el debate sobre la IA. Cuanto más informada esté la población, mejores decisiones colectivas se tomarán.

Un Futuro por Construir

Marta y sus estudiantes en Nuevo Horizonte son un microcosmos de lo que podría ser el mundo si democratizamos la IA. Sus logros no solo transformaron su comunidad, sino que inspiraron a otros a imaginar lo que es posible cuando las herramientas adecuadas están al alcance de todos.

El futuro está lleno de posibilidades. Podemos elegir construir un mundo donde la IA sea una fuerza para el bien, empoderando a las personas, resolviendo problemas globales y creando una sociedad más equitativa. Pero esto requiere acción ahora. Como dijo alguna vez un sabio, "El mejor momento para plantar un árbol fue hace veinte años; el segundo mejor momento es ahora."

¡Es hora de plantar las semillas del futuro que deseamos! Con esfuerzo, colaboración y una visión clara, podemos hacer realidad el sueño de un mundo donde la IA beneficie a todos, sin excepciones.

Aspecto	Datos/Información Clave	Impacto/Ejemplo
Democratización de la IA	Proveer acceso equitativo a herramientas de IA.	Caso de Nuevo Horizonte: estudiantes utilizan IA para proyectos científicos y solución de problemas locales.
Pilares Fundamentales	- Infraestructura tecnológica	Ejemplo: Startups en África diagnosticando enfermedades con smartphones.
	- Educación y capacitación	AI for Everyone en India, ayudando a agricultores con datos de precios y clima.
	- Regulaciones inclusivas	Iniciativas globales de OpenAI para garantizar acceso gratuito o de bajo costo.
Utopías Tecnológicas	IA como herramienta igualadora, resolviendo problemas sociales y medioambientales.	Singapur: Tráfico optimizado, hospitales con diagnósticos asistidos por IA.
Distopías Tecnológicas	- Desigualdades exacerbadas	Riesgo de monopolios de datos y pérdida de privacidad.
	- Desempleo masivo	Foro Económico Mundial: Millones de empleos desplazados sin reskilling adecuado.
	- Mal uso de la IA	Peligro de ciberataques o armas autónomas descontroladas.
Acciones para Evitar Riesgos	- Regulaciones globales	Normas claras sobre ética y transparencia en IA.
	- Inversión en reskilling	Programas de formación masiva para empleos del futuro.
	- Promoción de la inclusión	Colaboración entre sectores público y privado para beneficiar comunidades vulnerables.
	- Participación ciudadana	Informar y educar a la sociedad sobre los beneficios y riesgos de la IA.

Apéndices

El propósito de los apéndices en este libro es brindar herramientas adicionales y recursos prácticos que refuercen los conocimientos adquiridos en los capítulos principales. Estos apéndices están diseñados para ser una guía de referencia rápida, útil tanto para principiantes como para profesionales en el campo de la Inteligencia Artificial (IA).

1. Glosario de Conceptos Clave de IA

Un glosario es fundamental para entender los términos técnicos y las bases conceptuales que sustentan la IA. A continuación, se presentan definiciones claras y sencillas de algunos conceptos clave:

Algoritmo

Conjunto de instrucciones finitas y bien definidas que resuelven un problema o realizan una tarea. Es la base de muchos sistemas de IA.

Aprendizaje Automático (Machine Learning)

Subcampo de la IA que utiliza algoritmos para permitir que las máquinas aprendan y mejoren su rendimiento en tareas específicas sin ser programadas explícitamente para cada escenario.

Aprendizaje Supervisado

Un tipo de aprendizaje automático en el que un modelo se entrena con un conjunto de datos etiquetados, donde las entradas y salidas deseadas son conocidas.

Aprendizaje No Supervisado

Un enfoque en el que los algoritmos analizan y agrupan datos sin información previa sobre las categorías o etiquetas.

Red Neuronal Artificial (Artificial Neural Network)

Modelo computacional inspirado en la estructura del cerebro humano, compuesto por nodos interconectados (neuronas) que procesan y transmiten información.

Redes Profundas (Deep Learning)

Subcategoría de aprendizaje automático que utiliza redes neuronales profundas con múltiples capas para procesar grandes cantidades de datos y realizar tareas complejas.

Big Data

Conjunto de datos tan grande o complejo que requiere herramientas avanzadas para su almacenamiento, procesamiento y análisis. Es esencial para entrenar muchos sistemas de IA.

Procesamiento de Lenguaje Natural (PLN)

Campo de la IA que permite a las máquinas comprender, interpretar y generar lenguaje humano.

Inteligencia General Artificial (AGI)

Un sistema de IA que puede realizar cualquier tarea intelectual que un ser humano es capaz de hacer, aunque aún es teórico.

Sesgo Algorítmico

Desviación o parcialidad que surge cuando un algoritmo produce resultados injustos debido a los datos con los que fue entrenado o a su diseño.

Vision Artificial (Computer Vision)

Rama de la IA que permite a las máquinas interpretar y procesar imágenes o videos como lo haría un humano.

Modelo Generativo

Algoritmo diseñado para generar nuevos datos que sean similares a un conjunto de datos existente. Ejemplo: modelos como GPT-4 para generación de texto.

Tokenización

Proceso en el que el texto se divide en unidades más pequeñas, como palabras o caracteres, para ser procesado por algoritmos de IA.

Regularización

Técnica utilizada para prevenir el sobreajuste en modelos de aprendizaje automático, asegurando que funcionen bien con datos no vistos.

Turing Test

Prueba diseñada por Alan Turing para evaluar si una máquina puede exhibir un comportamiento indistinguible del de un ser humano.

Este glosario puede ampliarse o adaptarse según las necesidades del lector o del curso de aprendizaje de IA que se esté emprendiendo.

2. Recursos para Aprender y Aplicar la IA

En un campo tan dinámico como la Inteligencia Artificial, los recursos de aprendizaje y las herramientas actualizadas son esenciales para mantenerse al día. Este apéndice recopila libros, cursos, herramientas y comunidades recomendadas que apoyan el aprendizaje y la aplicación de la IA.

Libros

1. **"Deep Learning" por Ian Goodfellow, Yoshua Bengio y Aaron Courville** Una referencia académica exhaustiva sobre redes neuronales y aprendizaje profundo.
2. **"Artificial Intelligence: A Modern Approach" por Stuart Russell y Peter Norvig** Una de las obras más completas sobre los fundamentos y aplicaciones de la IA.
3. **"Hands-On Machine Learning with Scikit-Learn, Keras, and TensorFlow" por Aurélien Géron** Ideal para aprender aprendizaje automático y profundo de manera práctica con Python.
4. **"The Master Algorithm" por Pedro Domingos** Explora los cinco paradigmas principales del aprendizaje automático en un estilo accesible.

Cursos en Línea

1. **Coursera**
- *Machine Learning* por Andrew Ng: Un curso introductorio ideal para principiantes.
- *Deep Learning Specialization*: Serie de cursos diseñados para profundizar en redes neuronales y aprendizaje profundo.

1. **edX**
- *Artificial Intelligence for Everyone* por Columbia University: Cubre fundamentos de IA para personas sin experiencia técnica.

1. **Udemy**
- *Python for Data Science and Machine Learning*: Enseña Python y bibliotecas esenciales para la IA.

1. **Fast.ai** Cursos gratuitos de aprendizaje profundo diseñados para ser accesibles a todos.

Herramientas y Plataformas de Desarrollo

1. **TensorFlow** Biblioteca de código abierto desarrollada por Google para construir y entrenar modelos de aprendizaje automático.
2. **PyTorch** Framework ampliamente utilizado para la investigación y el desarrollo de IA, conocido por su flexibilidad.
3. **Scikit-Learn** Herramienta de Python para aprendizaje automático con funcionalidades básicas y avanzadas.
4. **Keras** API de alto nivel para crear redes neuronales de manera sencilla.
5. **Google Colab** Entorno gratuito para ejecutar código Python en la nube, ideal para trabajar con IA sin necesidad de recursos locales avanzados.

Comunidades y Foros

1. **Kaggle** Una plataforma para practicar, aprender y competir en ciencia de datos y aprendizaje automático.
2. **Reddit**
   - r/MachineLearning: Discusiones, noticias y recursos sobre aprendizaje automático.
   - r/ArtificialIntelligence: Foro centrado en temas más generales de IA.
1. **GitHub** Un repositorio invaluable de proyectos y recursos de código abierto relacionados con la IA.
2. **LinkedIn** Grupos y redes profesionales como *Artificial Intelligence & Deep Learning* para intercambiar ideas y aprender de expertos.
3. **Discord y Slack** Comunidades como *AI Hub* o *DataTalks.Club* permiten interactuar con otros aprendices y profesionales.

Conferencias y Seminarios

1. **NeurIPS (Conference on Neural Information Processing Systems)** Una de las conferencias más prestigiosas en IA y aprendizaje automático.
2. **ICLR (International Conference on Learning Representations)** Centrada en el desarrollo y las aplicaciones de representaciones aprendidas en modelos de IA.
3. **AI Summit** Conferencia global sobre la aplicación práctica de la IA en negocios y tecnología.

Estudios de Caso: Impacto de la IA en Diversas Industrias

La IA está transformando múltiples sectores, impulsando la innovación y mejorando la eficiencia. A continuación, se analizan estudios de caso que demuestran cómo la IA ha revolucionado diversas industrias:

Salud: Diagnóstico y Tratamiento Personalizado

La inteligencia artificial ha tenido un impacto significativo en la atención médica, especialmente en la mejora del diagnóstico y la personalización del tratamiento.

Caso: Uso de IA en el Diagnóstico de Cáncer

Empresas como IBM Watson Health y Google DeepMind han desarrollado sistemas que analizan imágenes médicas para detectar anomalías. Por ejemplo, el algoritmo de Google ha demostrado una precisión del 94.5 % al identificar cáncer de mama en mamografías, superando en algunos casos a los radiólogos humanos.

Resultados:
- Diagnósticos más rápidos y precisos.
- Reducción en la tasa de falsos positivos y negativos.
- Mejora en la personalización de tratamientos basados en patrones genómicos analizados por IA.

Finanzas: Detección de Fraudes y Análisis Predictivo

La IA en la industria financiera se ha utilizado ampliamente para prevenir fraudes y mejorar la toma de decisiones.

Caso: Sistemas de Detección de Fraude en Tarjetas de Crédito

Empresas como Visa y MasterCard emplean algoritmos de aprendizaje automático para analizar millones de transacciones en tiempo real. Estos sistemas pueden identificar patrones de comportamiento sospechosos y alertar automáticamente sobre posibles fraudes.

Resultados:
- Reducción del fraude en un 30 % en el primer año de implementación.
- Ahorro de miles de millones de dólares anuales en pérdidas por fraude.
- Incremento en la confianza del cliente en los sistemas financieros.

Retail: Experiencia Personalizada y Gestión de Inventarios

El sector minorista ha adoptado la IA para mejorar la experiencia del cliente y optimizar operaciones logísticas.

Caso: Amazon y los Algoritmos de Recomendación

Amazon utiliza aprendizaje automático para sugerir productos basados en las compras previas y el comportamiento del cliente. Además, su sistema de gestión de inventarios predice la demanda de productos, optimizando la distribución.

Resultados:
- Incremento del 35 % en las ventas atribuibles a recomendaciones personalizadas.
- Reducción de costos de almacenamiento gracias a una mejor previsión de inventarios.

Transporte: Vehículos Autónomos

El transporte es una de las áreas más visibles del impacto de la IA, con el desarrollo de vehículos autónomos liderado por empresas como Tesla y Waymo.

Caso: Waymo en Ciudades Inteligentes

Waymo ha probado sus vehículos en múltiples entornos urbanos, demostrando cómo los sistemas de IA pueden manejar tráfico complejo y garantizar la seguridad de los pasajeros.

Resultados:
- Reducción en accidentes causados por error humano.
- Menor consumo de combustible mediante rutas optimizadas.
- Aumento en la accesibilidad para personas con movilidad limitada.

Agricultura: Optimización de Cultivos

En la agricultura, la IA se ha utilizado para monitorear cultivos y optimizar recursos.

Caso: Drones e IA en Agricultura de Precisión

Empresas como John Deere han implementado drones equipados con sensores y algoritmos de IA para monitorear la salud de los cultivos y detectar plagas.

Resultados:
- Reducción del uso de pesticidas en un 20 %.
- Incremento en los rendimientos agrícolas mediante intervenciones específicas.

3. Plantillas y Ejercicios para Prepararte para el Futuro

Este apartado proporciona herramientas prácticas para que los lectores identifiquen oportunidades en IA y planifiquen su desarrollo profesional.

Plantillas de Análisis de Oportunidades en IA

Plantilla 1: Identificación de Problemas Relevantes en tu Industria

Pregunta	Respuesta
¿Qué procesos en tu industria son repetitivos o manuales?	Ejemplo: Introducción de datos en sistemas.
¿Qué decisiones requieren análisis complejo de datos?	Ejemplo: Predicción de demanda.
¿Qué áreas podrían beneficiarse de la personalización?	Ejemplo: Experiencia del cliente.

Plantilla 2: Evaluación de Preparación Tecnológica

Pregunta	Respuesta
¿Qué nivel de datos tiene tu empresa (calidad y cantidad)?	Ejemplo: Datos históricos bien estructurados.
¿Qué infraestructura tecnológica se necesita?	Ejemplo: Servidores de alta capacidad.
¿Existen equipos con experiencia en IA?	Ejemplo: Un equipo de analistas de datos.

Ejercicios de Planificación Profesional

1. **Exploración de Habilidades Clave**
   - Enumera tres habilidades técnicas que consideras esenciales para tu carrera en IA. Ejemplo: programación en Python, análisis estadístico, diseño de redes neuronales.
   - Investiga recursos para adquirir estas habilidades y establece metas realistas.
1. **Mapa de Desarrollo Profesional** Diseña un plan de 1 año para avanzar en tu conocimiento sobre IA:
   - *Meses 1-3:* Aprende los fundamentos (matemáticas, estadística, Python).
   - *Meses 4-6:* Completa un curso introductorio en aprendizaje automático.
   - *Meses 7-12:* Aplica tus conocimientos en un proyecto práctico.

1. **Creación de un Proyecto Personal de IA** Elige un problema de tu interés y define un proyecto de IA para resolverlo. **Ejemplo:**
- Problema: Predicción de la demanda de productos en un pequeño negocio.
- Plan: Recopilar datos de ventas, entrenar un modelo de aprendizaje automático y evaluar su precisión.

Preguntas de Reflexión
1. ¿Qué impacto positivo podría tener la IA en tu carrera o empresa?
2. ¿Qué obstáculos técnicos o éticos anticipas al implementar IA?
3. ¿Qué cambios podrías realizar para estar más preparado para la revolución de la IA?

4. Notas y Referencias

Este apéndice recopila las fuentes citadas a lo largo del libro, así como recursos adicionales para profundizar en los temas discutidos.

Fuentes Citadas

1. Russell, S., & Norvig, P. (2020). *Artificial Intelligence: A Modern Approach*. Prentice Hall.
- Referencia principal para los fundamentos teóricos y aplicaciones prácticas de la IA.
1. Goodfellow, I., Bengio, Y., & Courville, A. (2016). *Deep Learning*. MIT Press.
- Fuente clave para comprender redes neuronales y aprendizaje profundo.
1. Ng, A. (2017). *Machine Learning Specialization*. Coursera.
- Curso introductorio ampliamente reconocido sobre aprendizaje automático.
1. Google AI Blog.
- Actualizaciones y casos prácticos sobre investigaciones innovadoras de IA: https://ai.googleblog.com.

Lecturas Adicionales

1. Domingos, P. (2015). *The Master Algorithm: How the Quest for the Ultimate Learning Machine Will Remake Our World*. Basic Books.
- Una introducción accesible al impacto del aprendizaje automático en la sociedad.
1. Davenport, T. H., & Ronanki, R. (2018). "Artificial Intelligence for the Real World." Harvard Business Review.
- Análisis de estrategias empresariales exitosas basadas en IA.
1. Harari, Y. N. (2018). *21 Lessons for the 21st Century*.
- Reflexión sobre los desafíos éticos y sociales de la IA.

Enlaces Útiles
- **ArXiv.org**: https://arxiv.org Repositorio de investigaciones académicas en IA y aprendizaje automático.
- **Kaggle**: https://www.kaggle.com Comunidad y plataforma para practicar proyectos de ciencia de datos y aprendizaje automático.
- **Towards Data Science**: https://towardsdatascience.com Blog con tutoriales y guías prácticas sobre IA y ciencia de datos.

Este conjunto de estudios de caso, herramientas prácticas y referencias ofrece un marco integral para que los lectores comprendan el impacto de la IA y tomen pasos concretos hacia el futuro en esta área emocionante.

FIN